NOEL ARSÈNE TCHABI

Comment triompher de Satan

NOEL ARSÈNE TCHABI

Comment triompher de Satan

Nul ne peut servir deux maîtres: Dieu ou Satan ? Choisissez votre camp !

Éditions Croix du Salut

Imprint

Any brand names and product names mentioned in this book are subject to trademark, brand or patent protection and are trademarks or registered trademarks of their respective holders. The use of brand names, product names, common names, trade names, product descriptions etc. even without a particular marking in this work is in no way to be construed to mean that such names may be regarded as unrestricted in respect of trademark and brand protection legislation and could thus be used by anyone.

Cover image: www.ingimage.com

Publisher:
Éditions Croix du Salut
is a trademark of
Dodo Books Indian Ocean Ltd. and OmniScriptum S.R.L publishing group

120 High Road, East Finchley, London, N2 9ED, United Kingdom
Str. Armeneasca 28/1, office 1, Chisinau MD-2012, Republic of Moldova, Europe
Printed at: see last page
ISBN: 978-620-6-17020-4

Introduction

Vous ne trouverez aucun autre livre à part la Bible qui parle aussi clairement de Dieu et de Satan. De même aucun autre livre à part la Bible ne vous dira que la nouvelle naissance est le seul, je dis bien le seul moyen par lequel un homme peut être libéré de l'esclavage de Satan. En plus la Bible est le seul livre avec lequel on peut faire des démonstrations d'esprit et de puissance conduisant à une connaissance véritable de Dieu. C'est pour cela que j'ai choisi de m'inspirer des écrits de la Bible pour éclairer tout un chacun de nous au sujet de Comment triompher de Satan et vivre heureux. A cet effet, je vais partir d'un fait : la guérison d'un démoniaque par Jésus-Christ, raconté par deux de ses Disciples Matthieu et Luc. Matthieu 12.22-30 et Luc 11.14-26 seront retenus comme textes de base pour vous révéler les vérités incontournables pour une prise de conscience et une libération définitive du joug de Satan.

CHAPITRE 1 : JESUS-CHRIST GUERIT UN MALADE

Matthieu 12.22 « Alors on lui amena un démoniaque aveugle et muet, et il le guérit, de sorte que le muet parlait et voyait. »

Plusieurs vérités sont cachées dans ce verset, décortiquons-le pour en retirer le plus d'enseignements et de révélations possibles.

Celui qu'on a amené à Jésus était un malade puisque le verset dit :« **…il le guérit…** » S'il ne l'était pas, on aurait jamais employé le mot guérit ! Mais ce malade soufrait de quoi ? Il était aveugle et muet, le verset l'a aussi dit. Quelle était la cause de sa maladie ?

Les Démons; puis qu'il est écrit : «**…un démoniaque…**», un démoniaque est quelqu'un qui est possédé par un ou plusieurs démons. Le malade qu'on amena à Jésus avait reçu la guérison car il est écrit :

« **De sorte que le muet parlait et voyait** ». La seule chose que ce verset ne nous a pas dit, c'est comment Jésus l'avait guéri ? Il est clair quand même que, si l'homme a été guéri c'est qu'il a été débarrassé des démons qui le rendaient malade, mais comment a-t-il été débarrassé de ces démons ? Ce verset ne le dit pas. Puis-ce qu'il est très important de le savoir pour continuer, allons dans le livre de Luc ou le même évènement est raconté.

CHAPITRE 2 : COMMENT JESUS-CHRIST A-T-IL GUERI LE MALADE?

Luc 11.14 « Jésus chassa un Démon qui était muet. Lorsque le démon fut sorti, le muet parla, … »

Ici, comment la guérison a été opérée par Jésus-

Christ nous est dit :

1- Jésus a chassé le démon **« Jésus chassa le Démon qui était muet. »**

2- Le démon est sorti **« Lorsque le démon fut sorti »** Ce verset nous dit non seulement comment la guérison a été opérée par Jésus (Jésus a chassé le démon qui était muet) mais aussi, il nous révèle encore quelque chose de très précieux : quoi ? C'est le démon qui était muet ! Car le verset dit : **« Jésus chassa un démon qui était muet »** L'homme de qui le démon a été chassé n'était donc pas muet, mais plutôt le démon qui l'était. La maladie n'était pas en lui mais dans le démon qui le contrôlait ! Puisqu'après le départ de ce démon l'homme a parlé. C'était donc la présence du démon muet qui l'empêchait de parler.

PREMIERE LEÇON

Mon premier point est de vous révéler que beaucoup de maladies sont dues à la présence de démons dans notre corps. Les maladies dites incurables, ou celles qui échappent au contrôle de la médecine sont très souvent dues à la présence de démons dans l'organisme humain. C'est pour cela que la bible appelle les démons, des esprits impurs.

Luc 6.18 « Ceux qui étaient tourmentés par des esprits impurs étaient guéris. »

Donc les démons ou esprits impurs ont pour mission de tourmenter les êtres humains en qui ils sont. Autrement dit Satan au service duquel les démons ou esprits impurs sont, ne fait que tourmenter les êtres humains encore sous sa domination. Vous n'avez donc aucun intérêt à rester sous la domination de Satan.

Jean 10.10 « Le voleur (le diable ou Satan ou l'ennemi) ne vient que pour voler, égorger et détruire ; moi, je suis venu afin que les brebis aient la vie et qu'elles l'aient en abondance. »

Au lieu de chasser Satan (les esprits impurs) pour être guéri, beaucoup perdent de l'argent pour soigner les symptômes dans les hôpitaux. Ils dépensent beaucoup d'argent pour des analyses qui révèlent des maladies bizarres, or c'est la présence de ces esprits impurs appelés aussi démons qui sont les seules et principales causes de leurs tourments.

Luc 8.43-44 « Or, il y avait une femme atteinte d'une perte de sang depuis douze ans, et qui avait dépensé tout son bien pour les médecins, sans qu'aucun ait pu la guérir. Elle s'approcha par derrière, et toucha le bord du vêtement de Jésus. Au même instant la perte de sang s'arrêta. »

Sans l'intervention de Jésus Christ, sans faire recours à la puissance qui était en Jésus Christ, sans la foi en Christ, cette femme serait morte comme beaucoup de femmes de nos jours.

Sans l'intervention de la puissance de Jésus Christ, que cette femme s'est appropriée par la foi en Jésus, elle serait morte comme beaucoup de femmes de nos jours. Frères et soeurs lecteurs, si nous pouvions comprendre les secrets que Dieu nous révèle dans sa parole, combien mieux nous nous porterions ! L'ignorance des mystères de la vie et pourtant révélés dans la parole de Dieu, dans la bible est la cause principale de nos soucis. La bible est notre mode d'emploi, elle nous a été donnée par Dieu pour notre bien-être et notre salut. Sans elle, nous mourrons dans nos erreurs, dans l'ignorance. Sans elle nous mourons comme des imbéciles sous le joug de Satan.

Beaucoup de femmes sont restées stériles toute leur vie durant, à soigner des kystes, des myomes etc. Elles étaient convaincues des résultats des scanners et échographies, or ces résultats ne montrent que les kystes, les myomes portés par le démon de stérilité présent en elles ! Si ces femmes, ainsi que les médecins spécialistes pouvaient simplement comprendre que le scanner ne montre que l'état des démons stériles qui sont en elles ?

Combien de femmes sont mortes ou sont restées stériles à cause de leur ignorance? Pourtant Dieu nous dit dans la bible, dans sa parole que c'est la vérité qui affranchie.

Jean 8.32 « Vous connaitrez la vérité et la vérité vous affranchira ».

Combien de personnes font recours à Dieu et à sa parole de vérité lorsqu'ils sont en difficultés ? oui chers frères et soeurs lecteurs c'est la vérité qui libère. Seule la vérité peut vous libérer. Mais de quelle vérité s'agit-il?

Jean 17.17 « Sanctifie les par ta vérité, ta parole est la vérité »

C'est la parole de Dieu qui est la vérité. Celle qu'on trouve dans la bible. Seule la parole de Dieu est vivante et efficace pour vous libérer de l'emprise de Satan ! C'est l'épée la plus tranchante dans le domaine spirituel

Hébreux 4.12 « Car la parole de Dieu est vivante et efficace, plus tranchante qu'une épée quelconque à deux tranchants, Pénétrante, jusqu'à partager âme et esprit, jointures et moelles… »

rien n'est plus efficace dans le combat spirituel que la parole ! C'est l'épée de votre Esprit !

Ephésien 6.17 « et l'épée de l'Esprit qui est la parole de Dieu »

Vous ne pouvez pas triompher spirituellement sans la parole de Dieu ! Et pourtant, à cause de l'incrédulité, l'ignorance et de l'arrogance, du rejet de la vérité beaucoup sont morts dans la honte et l'humiliation. Quelle tragédie !

 Si après avoir lu tout ceci vous demeurez silencieux, ignorants, incrédules c'est de votre faute, et vous devez en subir les conséquences. Vous devez vous lever au contraire contre vos oppresseurs les démons avec la parole de Dieu comme épée. Et votre foi comme bouclier et vous revetir de toutes les armes de Dieu pour tenir ferme dans les temps difficiles.

(Ephésiens 6.17 « …L'épée de l'Esprit qui est la parole de Dieu).

N'attendez plus rien ! En Jésus-Christ vous avez le pouvoir de chasser ces démons. En Jésus-Christ seulement ; car seuls ceux qui sont nés de nouveau qui sont baptisés, donc sauvés et qui forment l'église ont reçu l'ordre et le pouvoir de les chasser. Car il est écrit :

Luc 10.19 « Voici, je vous ai donné le pouvoir de marcher sur les serpents et les scorpions, et sur toute la puissance de l'ennemi ; et rien ne pourra vous nuire. »

Les serpents et les scorpions torturent et tourmentent leurs victimes par leur venin, il s'agit bel et bien des démons ou esprits impurs qui nous tourment selon Luc 6.18 que nous avons cité plus haut !

Juste avec cette information, je vous vois déjà sortir des chaines de la maladie au nom de Jésus-Christ de Nazareth. Je vous vois demander le secours de la délivrance de Dieu par sa parole. Mais vous devez d'abord naître de nouveau et vous faire baptiser au nom de Jésus pour recevoir ce pouvoir de chasser les démons. Vous devez être sauvé pour bénéficier longtemps de cette délivrance car si ce n'est pas le cas, il n'y a rien pour les empêcher de revenir à la charge en vous.

Matthieu 12.43-45 « lorsque l'esprit impur est sorti d'un homme, il va par des lieux arides, cherchant du repos, et il n'en trouve point. Alors il dit : je retournerai dans ma

maison d'où je suis sorti ; et, quand il arrive, il la trouve vide, balayée et ornée. Il s'en va, et il prend avec lui sept autres esprits plus méchants que lui ; ils entrent dans la maison, s'y établissent, et la dernière condition de cet homme est pire que la première. Il en sera ainsi pour cette génération méchante. »

C'est donc seulement le droit de naissance de celui qui est réellement sauvé (Naitre de nouveau et être baptisé). Autrement ils reviendront à la charge et cela peut s'avérer très dangereux pour celui qui n'est pas encore né de nouveau. Car celui qui est né de nouveau reçoit en lui le Saint Esprit, l'Esprit de Dieu ou l'Esprit de Christ. Qu'attendez-vous alors chers lecteurs pour naître de nouveau et recevoir ce pouvoir et cette délivrance? A vous qui êtes déjà nés de nouveau, vous, à qui Dieu a déjà donné le pouvoir de chasser des démons. Ne restez plus les bras croisés. N'ayez plus peur guérissez les malades, chassez les démons, libérez les captifs car c'est votre droit de naissance selon l'ordre de **Marc 16.17 « voici les miracles qui accompagneront ceux qui auront cru : en mon nom, ils chasseront les démons….. »** S'il vous plait si vous croyez en Christ, si vous avez la foi en Christ, ne vous lassez plus de chasser les démons, commencez par ceux qui vous tourmentent vous-même.

Ceci étant retournons maintenant à notre méditation.

Il est manifeste qu'une guérison miraculeuse a été opérée par Jésus-Christ et personne ne peut le nier. Mais par quelle Puissance Jésus l'a faite ? Cela aussi est très important à savoir pour être bien éclairé.

CHAPITRE 3 : PAR QUELLE AUTORITE OU PUISSANCE JESUS-CHRIST A OPERE LA GUERISON?

Matthieu 12.23-24 « Toute la foule étonnée disait :

N'est-ce point là le Fils de David ? Les pharisiens, ayant entendu cela, dirent: cet homme ne chasse les démons que par Béelzébul, prince des démons. »

N'est-ce point là le fils de David ? Pour dire : c'est quand même un homme ordinaire comme nous, naturel et charnel comme nous !

Mais naturellement cela étant impossible, Il doit agir par une puissance surnaturelle, il doit être doté certainement d'un pouvoir surnaturel, ça c'est sûr ! Mais lequel ?

Marc 6.2-3 dit : « Quand le Sabbat fut venu, il se mit à enseigner dans la synagogue. Beaucoup de gens qui l'entendirent étaient étonnés et disaient : D'où lui viennent ces choses ? Quelle est cette sagesse qui lui a été donnée, et comment de tels miracles se font-ils par ses mains ? N'est-ce pas le charpentier le fils de Marie, le frère de Jacques, de Joses, de Jude et de Simon ? Et ses sœurs ne sont-elles parmi nous ? Et il était pour eux une occasion de chute. »

Ce passage de Marc nous montre que tous étaient vraiment étonnés de ce qui se faisait par lui. Ils étaient aussi convaincus qu'il ne peut agir et faire toutes ces choses que par une puissance autre que celle de l'homme naturel. Car ils se demandaient comment de tels miracles se faisaient par lui ?

Heureusement que parmi les pharisiens, il y a un chef des juifs, Nicodème qui a reconnu que Dieu était avec Jésus et l'a même appelé rabbi (Maitre) et aussi Docteur (enseignant) venu de Dieu.

Jean 3.1-2 « Mais il eut un homme d'entre les pharisiens, nommé Nicodème, un chef des juifs, qui vint, lui auprès de Jésus, la nuit, et lui dit : Rabbi (maître), nous savons que tu es un docteur (enseignant) venu de Dieu ; car personne ne peut faire ces miracles que tu fais, si Dieu n'est avec lui. »

C'est évident, personne ne peut faire ces miracles que Jésus faisait si Dieu n'est avec lui. Dieu est avec Jésus !

DEUXIEME LEÇON

Mon deuxième point est de vous révéler ici que Jésus non seulement était parfaitement homme mais aussi parfaitement Dieu (le fils de Dieu) car de la même façon qu'il était un être normal né de Marie, charpentier ayant des frères et des sœurs (bien que d'autres soutiennent que Marie n'a pas d'autres enfants), il était aussi parfaitement Dieu (le fils de Dieu) car aucun homme naturel ne peut chasser un démon ! Pour confirmer cela lisons :

Matthieu16.13-17 « Jésus étant arrivé dans le territoire de Césarée de Philippe, demanda à ses disciples : Qui dit-on que je suis, moi le fils de l'homme ? Ils répondirent : les uns disent que tu es Jean Baptiste ; les autres, Elie, les autres Jérémie, ou l'un des prophètes. Et vous, leur dit-il, qui dites-vous que je suis ? Simon Pierre répondit:

Tu es le Christ, le Fils du Dieu vivant. Jésus, reprenant la parole lui dit : Tu es heureux, Simon, fils de Jonas ; car ce ne sont pas la chair et le sang qui t'ont révélé cela, mais mon père qui est dans les cieux. »

Il commence par dire : qui dit-on que je suis, moi le fils de l'homme ? C'est un peu bizarre n'est-ce pas ? s'il sait et dit qu'il est le fils de l'homme, pourquoi demande-t-il encore à ses disciples qui il était ? C'est justement parce qu'il avait aussi une autre identité de lui-même à révéler, il n'était pas seulement le fils de l'homme, il était aussi autre chose. ET cette révélation est sortie de la bouche de Pierre : « **Tu es le Christ, le fils du Dieu Vivant** », car Jésus disait, c'est mon père qui est dans les cieux qui te l'a révélé, pour confirmer que Dieu est véritablement son père, par conséquent il est réellement le fils de Dieu. Donc notons clairement que Jésus-Christ était parfaitement homme (fils de l'homme) et parfaitement Dieu (fils de Dieu) lorsqu'il était sur la terre. Les pharisiens eux, voulant nier l'évidence, ne voulant pas reconnaitre en Jésus christ la présence de l'Esprit de Dieu, ne voulant pas reconnaitre ce qu'il est, reconnaître qu'il est le fils de Dieu, le Christ, ne voulant pas reconnaître qu'il était venu de Dieu, attribuaient ces miracles, ces guérisons à Satan, au prince des démons Béelzébul.

Matthieu 12.24 « Les pharisiens, ayant entendu cela, dirent : cet homme ne chasse les démons que par Béelzébul, prince des démons. »

Ce qui est absurde, un très grand blasphème contre l'Esprit de Dieu, le Saint Esprit! Car ils savent plus que tous que **Satan ne vient que pour dérober égorger et détruire, selon Jean10.10, et que c'est au contraire le fils de Dieu qui a paru afin de détruire les œuvres du diable selon 1 Jean 3.8**. Ils savent aussi que satan ne peut pas chasser satan. Matthieu 12.26 ; Ils sont donc inexcusables, car de toute évidence cette guérison ne pouvait pas venir de Satan. De qui donc cela vient ? Certainement de celui qui est venu pour détruire les œuvres du Diable, c'està-dire le fils de Dieu. Donc Jésus-Christ est donc de toute évidence le fils de Dieu ! Ce n'est même plus à démontrer, c'est d'une évidence que c'est lui qui a fait ce miracle.

CHAPITRE 4 : JESUS-CHRIST DEMONTRE
QU'IL NE CHASSE PAS LES DEMONS PAR BEELZEBUL LE PRINCE DES DEMONS

Voyons, comment Jésus ferme la bouche à ces blasphémateurs, voyons par quelle démonstration Jésus les ramène à la vérité (oh, frères et sœurs en Christ et chers lecteurs, si nous pouvions nous soumettre en toutes choses à la parole de Dieu, combien nous serions plus heureux ! Plus forts, plus victorieux et plus puissants!)

Matthieu 12.25-26 « Comme Jésus connaissait leurs pensées, il leur dit : Tout royaume divisé contre

Lui-même est dévasté et toute ville ou maison divisée contre elle-même ne peut subsister.

Si Satan chasse Satan, il est divisé contre lui-même ; comment donc son royaume subsistera-t-il ? »

Jésus a chassé un démon pour opérer la guérison et il dit « ... si Satan chasse Satan... », Pour préciser que le démon qu'il a chassé c'est Satan qu'il avait chassé. Comment donc Satan pouvait se chasser lui-même ?

« ... si Satan chasse Satan... ». Ce qui est absurde car Satan ne peut pas se chasser lui-même ! C'est Impossible. De plus Satan a un royaume qu'il doit préserver, se mettre à détruire son propre royaume serait une contradiction grave, une folie, jamais il ne le ferait.

Si donc de toute évidence Satan ne peut pas se chasser et ne peut détruire son propre royaume alors Jésus aussi ne chasse pas les démons par Béelzébul le prince des Démons. Par quelle puissance le fait-il alors ?

CHAPITRE 5 : JESUS-CHRIST DEMONTRE QU'IL OPERE LES MIRACLES PAR LA PUISSANCE DU SAINT-ESPRIT

Matthieu 12.28 « Mais si c'est par l'Esprit de Dieu que je chasse les démons, le royaume de Dieu est donc venu vers vous. »

Jésus révèle dans ce verset que c'est par l'Esprit de Dieu qu'il chasse les Démons. Autrement dit il n'y a que par l'Eprit de Dieu qu'on peut chasser Satan.

TROISIEME LEÇON

Mon troisième point dans cette méditation est de dire à tous que personne, aucun homme naturel, charnel, sur la terre ne peut chasser Satan par sa propre force. Cela n'est possible que par l'Esprit de Dieu, le Saint Esprit. Et Jésus nous le démontre ici :

Mattieu 12.29 « Ou, comment quelqu'un peut-il entrer dans la maison d'un homme fort et piller ses biens sans avoir auparavant lié cet homme fort ? alors seulement il pillera sa maison. »

Luc 11.21-22 « Lorsqu'un homme fort et Bien armé garde sa maison, ce qu'il possède est en sureté. Mais, si un plus fort que lui survient et le dompte, il lui enlève toutes les armes dans lesquelles il se confiait, et il distribue ses dépouilles. »

Comprenez ce que Jésus dit clairement dans ces deux versets, il compare Satan à un homme fort et bien armé qui est dans sa maison. Jésus dit bien, que Satan est un homme fort et bien armé, qui a une maison.

Et qui est sa maison ? Celui qui est possédé par un démon, celui qui n'a pas encore l'Esprit de Dieu en lui. C'est le corps de celui qui n'a pas le Saint-Esprit de Dieu en lui qui est la maison de Satan, le corps de celui qui n'est pas encore né de nouveau est la maison de Satan. Si tu n'es pas encore né de nouveau, ton corps est la maison de Satan. **Romains 8.9 dit « …Si quelqu'un n'a pas l'esprit de Christ en lui, il ne lui appartient pas. »** Si un être humain n'appartient pas à Dieu ou à Christ, il appartient certainement à Satan.

QUATRIEME LEÇON

Dans ce chapitre j'aimerais vous dire que si vous n'êtes pas encore nés de nouveau, si vous n'êtes pas encore devenu enfant de Dieu, si l'Esprit de Dieu, le Saint Esprit n'habite pas en vous, vous demeurez la maison de Satan.

La preuve la bible dit dans **1 Corinthiens 3.16 « Ne savez-vous pas que vous êtes le temple (maison, habitation) de Dieu, et que l'Esprit de Dieu habite en vous ? » Ephésiens 2.21 « En lui vous êtes aussi édifiés pour être une habitation de Dieu en Esprit. »**

Si Dieu nous dit clairement que le chrétien, celui qui a accepté Christ comme Seigneur et sauveur, qui est né de nouveau, qui est devenu enfant de Dieu, est le temple, l'habitation ou la maison de Dieu, n'est-ce pas évident que celui qui n'a pas accepté Christ, qui n'a pas reçu l'Esprit de Dieu est le temple, l'habitation ou la maison de Satan ?! Lisons encore la confirmation de cette vérité ici dans **Luc 11.24 « Lorsque l'esprit impur (démon) est sorti d'un homme, il va dans les lieux arides, pour chercher du repos. N'en trouvant point, il dit : Je retournerai dans ma maison d'où je suis sorti ; »**

Lisez bien ce que la bible dit "lorsque l'esprit impur (un démon) est sorti (chassé) par l'Esprit de Dieu d'un homme, il (l'esprit impur, le démon ou Satan) va dans les lieux arides, pour chercher du repos. N'en trouvant point (les démons ne trouvent de repos que dans le corps humain), il (l'esprit impur, le démon, Satan) dit : Je (l'esprit impur, le démon, Satan) retournerai dans ma maison (s'il vous plait il dit ma maison, pas une maison) ainsi celui qui n'a pas encore reçu l'Esprit de Dieu en lui, un non croyant est la maison du démon, de l'esprit impur, c'est-à-dire de Satan ! C'est plus que clair ! Car le démon dit : « je retournerai dans ma maison » et non dans une maison, il ne cherche pas un autre corps à habiter mais retourne précisément d'où il a été renvoyé car là était sa maison. Allez-vous rester la maison de Satan et vivre dans le tourment quotidien? ou allez-vous accepter de naître de nouveau pour devenir la maison de Dieu et vivre dans la joie et la paix que donne le Saint Esprit?

Prenez vos responsabilités. Vous ne pouvez plus ignorer la vérité ni la contourner.

Maintenant comment voulez-vous qu'un homme fort et bien armé comme Satan soit chassé de sa maison(votre corps) s'il n'y a pas un plus fort que lui pour le dompter, le lier, le dépouiller d'abord ?

Et « un plus fort que lui (Satan) » dont le verset 22 de Luc 11 parle n'est rien d'autre que Dieu le Saint Esprit ! L'homme naturel encore appelé homme charnel, ou né de sang et de la chair, né de parents humains ne peut rien de lui-même pour échapper à la domination de Satan, l'esclavage de Satan et aux tourments infligés par Satan et ses démons Il lui est soumis au contraire de force jusqu'au jour où il naît de nouveau, de Dieu, ou du Saint Esprit, c'est-à-dire jusqu'au jour où le Saint Esprit commence à habiter en lui.

Jusqu'à ce qu'un homme entende l'évangile, croit, soit baptisé et soit sauvé, il reste esclave de Satan, et est soumis à la destruction, Puisque Satan n'a pour mission que : de détruire, égorger et voler selon jean

10.10

CINQUIEME LEÇON

Je tiens à vous dire que vous restez la maison de Satan, sa propriété, son esclave tant que vous n'êtes pas encore nés de nouveau. Comment voulez-vous accomplir la mission pour laquelle Dieu vous a créés sans l'esprit de celui qui vous a créé, sans naître de nouveau ? Comment voulez-vous demeurer l'esclave du Diable et obéir à Dieu, c'est impossible. Tout commence après votre nouvelle naissance ! Vous n'accomplirez jamais la volonté de Dieu avant de naître de nouveau ! Jamais au grand jamais !

Ephésiens 2.10 « Car nous sommes son ouvrage, ayant été recréés en Jésus Christ pour les bonnes œuvres, que Dieu a préparées d'avance, afin que nous les pratiquions. »

Notre vie, notre destinée est en Jésus-Christ, jamais nous ne pouvons accomplir notre destinée sans Christ. Il est notre vie, notre paix. Nous ne pouvons pas nous passer de Lui. Nous n'avons pas été créés pour vivre heureux sans Lui. C'est en Lui seulement que notre vie a un sens. En Adam, nous sommes perdus vendus à

Satan. C'est seulement en Christ que nous pouvons retrouver notre vraie identité et accomplir notre destinée, celle qui vient de Dieu.

Ephésiens 1.5 « nous ayant prédestinés dans son amour à être ses enfants d'adoption par Jésus Christ. »

Dans le plan de Dieu, il est prévu que nous soyons ses enfants et cela grâce à Jésus-Christ. Celui qui se soustrait à cela n'accomplira jamais sa destinée. Celui-là a dit adieu à tout ce qui est de Dieu, à son héritage en Christ.

CHAPITRE 6 : DEUX ROYAUMES ET DEUX MAITRES

Je voudrais d'emblée ici vous faire comprendre qu'il y a deux royaumes exactement, pas plus et pas moins : Le royaume de Dieu et le royaume de Satan, pas plus ni moins. Satan a un royaume **(Matthieu 12. 26 « Si Satan chasse Satan, comment donc son royaume subsistera-t-il ? »)** et Dieu aussi a un royaume **(Matthieu 12. 28 « Mais, si c'est par l'Esprit de Dieu que je chasse les démons, le royaume de Dieu est donc venu vers vous. »).**Soit vous appartenez au royaume (gouvernement) de Satan gouverné par Satan et ses démons soit au royaume de Dieu gouverné par le Saint-Esprit, il n'y a pas pour vous une autre possibilité. Soit vous êtes sous le règne de Satan, soit sous celui de Dieu. Il est impossible d'être un peu sous le règne de Satan et un peu sous le règne de Dieu. Soit vous servez Satan et vous êtes son esclave ou soit vous servez Dieu et vous êtes son esclave. Vous ne pouvez servir les deux à la fois. Ne vous y trompez jamais.

Matthieu 6.24 dit : « Nul ne peut servir deux maîtres.

Car, ou il haïra l'un, et aimera l'autre ; ou il s'attachera à l'un, et méprisera l'autre. Vous ne pouvez servir Dieu et Mammon (Satan). »

L'amour pour l'un entraîne automatiquement la haine pour l'autre, l'attachement à l'un signifie le mépris pour l'autre. De plus Dieu est lumière **(1 Jean 1.5)** et Satan est ténèbres **(2 Corinthiens 6.14-15)**

1 **Jean 1.5 « La nouvelle que nous avons apprise de lui,et que nous vous annonçons, c'est que Dieu est lumière, et qu'il n'y a point en lui de ténèbres. »**

2 **Corinthiens 6.14-15 « Ne vous mettez pas avec les infidèles sous un joug étranger. Car quel rapport y-a-t-il entre la justice (Dieu) et l'iniquité (Satan) ? »**

Ou qu'y-a-t-il de commun entre la lumière et les ténèbres ? Quel accord y-a-t-il entre Christ (Dieu) et Bélial (Satan)… ?

Ces trois versets nous montrent clairement et de façon indiscutable que Dieu est lumière et Satan est ténèbres et qu'il n'y a aucun lien entre les deux, et qu'il n'y en aura jamais. on ne peut pas mélanger lumière et ténèbres c'est impossible.

Quand les ténèbres sont présentes c'est que la lumière est absente, si la lumière est présente c'est que les ténèbres disparaissent.

S'il est impossible d'être à la fois dans la lumière et dans les ténèbres c'est qu'il est impossible de servir Dieu et Satan à la fois, c'est-à-dire d'être à la fois dans le royaume de Dieu et dans celui de Satan. Puisque c'est ainsi, nous devons faire un choix, ou c'est Dieu ou c'est Satan. Car souvenez-vous il n'y a pas une position intermédiaire.

Nous naissons tous premièrement dans le royaume de Satan, sous son gouvernement et notre choix consiste à y demeurer ou à sortir en naissant de nouveau.

La bible dit dans : **Matthieu 12.28 « Mais si c'est par l'Esprit de Dieu que je chasse les démons, le royaume de Dieu est donc venu vers vous. »**

Le royaume de Dieu est donc venu vers vous.

Comment ? Par le Saint Esprit ! C'est clair le royaume de

Dieu est donc dans le Saint Esprit et il vient en nous par le Saint Esprit. Mais avant la venue du royaume de Dieu par le Saint-Esprit le royaume de Satan était déjà présent dans le monde.

Je vous explique : tout être humain qui naît dans ce monde est déjà sous le pouvoir (le règne) de Satan il n'a pas à faire le choix c'est comme cela, cela ne dépend pas de lui, mais de sa position dans ce monde. La bible dit que nous sommes vendus au péché (à Satan) **(Romains 7.14 «…mais moi je suis charnel vendu au péché »), c'est un fait ; 1jean 5.19 « …Le monde entier est sous la puissance du malin »**. Le monde entier, pas une partie le monde entier est sous la puissance de Satan. **JEAN 14.30 dit que le prince de ce monde ou le chef de ce monde est Satan.**

Voyez-vous celui qui est dans ce monde est obligatoirement esclave de Satan s'il n'est pas encore né de nouveau. Il n'est pas encore sauvé.

A moins que vous sortiez de ce monde pour échapper à Satan. Et le seul moyen de sortir de ce monde étant de mourir, vous me diriez : il faut donc mourir pour échapper à Satan ? Vous allez me dire, il n'y a donc rien à faire d'autre que mourir pour quitter ce monde et échapper à Satan ?

C'est justement parce que beaucoup ne connaissent pas, la solution, la bonne nouvelle, qu'ils restent toute leur vie esclave de Satan ! Laissez-moi vous dire : même si vous mourez sans être né de nouveau, vous ne pouvez lui échapper, car il a le pouvoir de retenir dans la mort et le séjour des morts tous ceux qui sont morts sans avoir accepté Christ comme leur Seigneur et sauveur et ainsi vous finirez avec lui dans l'étang de feu au dernier jugement ! Mais que faut-il faire alors ? rien du tout ! Comment rien du tout ? Parce que Jésus-Christ a déjà tout fait pour vous. Laisser-moi vous donner la bonne nouvelle : Jésus-Christ est déjà mort pour vous et ressuscité avec vous. Merveilleuse et bonne nouvelle n'est-ce pas ? Mieux encore Il a désormais les clés de la mort et du séjour des morts **Apocalypse 1.18** « …je tiens les clés de la mort et du séjour des morts. »

SIXIEME LEÇON

Jésus christ est déjà mort pour vous, non seulement ça, il est aussi ressuscité avec vous. La bible dit dans **2 Corinthiens 5.14 « … parce que nous estimons que, si un seul est mort pour tous, tous donc sont morts. »**

Nous n'avons pas besoin de mourir chacun pour être délivré du pouvoir de la mort qui était détenu par Satan ; Christ est mort pour nous, à notre place comme notre substitut. La bible dit dans **Hébreux 2.15 « et qui délivrât tous ceux qui par crainte de la mort, étaient toute leur vie retenus dans la servitude »**

La bonne nouvelle c'est que vous n'avez plus à craindre la mort au point de demeurer dans la servitude de Satan toute votre vie, christ nous a déjà délivrés du pouvoir de la mort par sa propre mort.

Vous n'avez plus rien à craindre car christ est non seulement mort pour nous mais il est aussi ressuscité avec nous **(Ephésiens 2.6 « Il nous a ressuscités ensemble, et nous a fait assoir ensemble dans les lieux célestes, en Jésus-Christ…… »)**. Il est assis à la droite du père et il intercède pour nous **(Romains 8.34 « …Christ est mort ; bien plus, il est ressuscité, il est à la droite de Dieu, et il intercède pour nous ! »)**.

N'ayez plus peur de la mort **(apocalypse 1.18 « J'étais mort ; et voici, je suis vivant aux siècles des siècles. Je tiens les clés de la mort et du séjour des morts. »)** C'est Jésus qui a désormais les clés de la mort et du séjour des morts, ce n'est plus Satan, Gloire à Dieu !

1 Corinthiens 15.55-57 « O mort, ou est ton aiguillon ?

L'aiguillon de la mort, c'est le péché ; et la puissance du péché, c'est la loi. Mais grâces soit rendues à Dieu par notre seigneur Jésus Christ ! »

Par la mort de notre Seigneur Jésus-Christ pour nous, et sa résurrection nous sommes délivrés de la loi du péché et de la mort. Nous avons été déjà mis à mort par le corps de christ et ressuscités des morts avec christ **(Romains 7.4 « De même, mes frères, vous aussi vous avez été, mis à mort par le corps du Christ en ce qui concerne la loi, pour que vous apparteniez à un autre, à celui qui est ressuscité des morts, afin que nous portions des fruits pour Dieu»)**. Quelle merveilleuse nouvelle pour l'humanité toute entière !

La question maintenant est de savoir comment étant dans le monde nous avons été délivré du monde sans mourir de notre propre mort ?

SEPTIEME LEÇON

Lorsqu'un homme est né de nouveau, « il est dans ce monde, mais il n'est plus de ce monde. » C'est juste simple à comprendre ! Par le corps de Jésus nous sommes morts et ensevelis et par sa résurrection nous sommes revenus à la vie pour Dieu.

Par la mort de Christ et son ensevelissement nous sommes sortis du monde gouverné par Satan et par sa résurrection nous sommes revenus dans ce même monde mais cette fois-ci en vainqueur du monde gouverné par Satan, avec une nouvelle vie. Car la bible dit : **Christ ressuscité ne meurt plus, la mort n'a plus de pouvoir sur lui……Romains 6.9**, si la mort n'a plus de pouvoir sur lui sachant que Dieu nous a ressuscité ensemble (Ephésiens 2.6), alors la mort n'a plus de pouvoir sur nous aussi ; et si c'est ainsi nous ne sommes plus de ce monde nous ne lui appartenons plus car il est écrit au verset 10 de ce chapitre « **car il est mort, et c'est pour le péché qu'il est mort une fois pour toute ;il est revenu à la vie, et c'est pour Dieu qu'il vit.** » Ainsi si nous sommes nés de nouveau, nous aussi nous ne vivons plus pour Satan, nous vivons pour Dieu étant ressuscité ensemble avec Christ et assis en lui dans les lieux célestes selon **Ephésiens 2.6.**

Jésus a dit : **« J'ai vaincu le monde. » Jean 16.33** et **1 Jean 5.5** dit : **« Qui a triomphé du monde, sinon celui qui croit que Jésus est le fils de Dieu. »**

Voyez-vous dans ce monde il y a ceux qui sont du monde (appartiennent à Satan) et ceux qui ne le sont plus, car ils sont sortis du monde par la mort et la résurrection de Jésus-Christ (appartiennent à Dieu). La première catégorie est celle de ceux qui ne sont pas encore nés de nouveau, qui ne sont pas encore sauvés du monde et la seconde est celle de ceux qui sont nés de nouveau et qui sont sauvés du monde, ceux qui sont pêchés du monde par l'évangile (La mort, l'ensevelissement, la résurrection, la montée de Jésus-Christ dans la gloire de Dieu et l'envoi de l'Esprit Saint).

Laissez-moi profiter de l'occasion qui m'est offerte ici pour vous présenter un aspect très important du Baptême.

Romains 6.3-4 « Ignorez-vous que nous tous qui avons été baptisés en Jésus-Christ, c'est en sa mort que nous avons été baptisés ? Nous avons donc été ensevelis avec lui par le Baptême en sa mort, afin que, comme Christ est ressuscité des morts par la gloire du père, de même nous aussi nous marchions en nouveauté de vie. »

Voici comment il faut lire ces versets pour mieux les comprendre sachant que baptiser signifie : immerger ou plonger dans ….

Lisons maintenant autrement **« Ignorez-vous que nous tous qui avons été baptisés en Jésus-Christ, c'est en sa mort que nous avons été plongés ? Nous avons donc été ensevelis (enterrés) avec lui par le Baptême en sa mort…. »**

Merveilleux et fantastique ! Nous avions dit que Jésus-Christ est mort à notre place n'est-ce pas ? Nous sommes vraiment conscients que ce n'est pas nous qui sommes morts mais c'est lui qui l'est à notre place, comme notre substitut. Mais nous étions en lui par la puissance de Dieu (1 Corinthiens 1.30) Mais comment sommes-nous associés à cette mort ? Justement nous le découvrons dans les versets cités ci-dessus : Par notre Baptême. Ces versets disent qu'après avoir cru en lui, par le baptême nous sommes plongés ou immergés dans la mort de Jésus. Mieux encore, par le baptême nous sommes aussi enterrés avec lui ! Vraiment fantastique !

Comprenez que cet aspect du baptême est lié à notre position dans le monde. Avant de croire que JésusChrist est le fils de Dieu ou qu'il est ressuscité et de naître de nouveau, nous étions dans le monde. Maintenant que nous sommes nés de nouveau nous devons sortir du monde physiquement à notre tour sinon notre salut ne serait pas complet, ni reconnu par Satan, nous devons nous séparer automatiquement du monde ; sans le baptême nous serions toujours du monde et liés au monde. Nous devons sortir du monde physiquement pour ne plus appartenir au monde. Et c'est par le Baptême que cela est possible. Lorsque nous disparaissons de la surface de la terre étant immergés dans l'eau, nous sommes sortis du monde. Et nous émergeons de l'eau pour une nouveauté de vie. Et nous pouvons à partir de ce moment dire : « **nous sommes dans ce monde, mais nous ne sommes plus de ce monde. Ou nous avons vaincu le monde, ou encore le Diable vient, il n'a rien en nous.** » **Jean 14.30**, sinon il aurait toujours un argument pour nous accuser.

Ainsi lorsque **Marc 16.16 dit : « Celui qui croira et qui sera baptisé sera sauvé, mais celui qui ne croira pas sera condamné. »** c'est pour dire tout simplement que celui qui croira que Jésus-Christ est ressuscité et qui sera baptisé sera sauvé du monde, c'est-à-dire sauvé du cosmos ou le monde dans lequel nous sommes. Comme Noé et ses compagnons étaient sauvés aussi de l'ancien monde que Dieu avait détruit.

1 Pierre 3.20-21 « ……aux jours de Noé, pendant la construction de l'arche, dans laquelle un petit nombre de personnes, c'est-à-dire huit, furent sauvées à travers l'eau. Cette eau était une figure du baptême, qui n'est pas la purification des souillures du corps, mais l'engagement d'une bonne conscience envers Dieu, et qui maintenant vous sauve, vous aussi, par la résurrection de Jésus-Christ, » « Cette eau était une figure du Baptême, et qui maintenant vous sauve » Gloire à Dieu !

Satan n'a pas créé le monde mais c'est Dieu qui a créé le monde par Jésus-Christ **(il est dans le monde et le monde a été fait par lui dit Jean 1.10)**, lorsque le monde a été créé il a été placé par Dieu sous l'autorité de l'homme (Adam le premier homme)c'était l'homme qui devrait dominer sur la terre et c'était à lui que Dieu a donné cette responsabilité, cette autorité, ce règne du monde, mais il a cédé à Satan son droit de régner sur la terre et dans le monde en lui obéissant, car souvenez-vous que **Romains 6.16 dit qu'en se livrant à quelqu'un comme esclave pour lui obéir vous devenez son esclave.** Ainsi Adam est devenu esclave de Satan en lui obéissant, et Satan a régné par la mort d'Adam jusqu'à Christ sur tout le monde. C'est pourquoi Satan pouvait faire cette proposition très audacieuse à Jésus-Christ celui qui a créé le monde et tout ce qui y est dans : **Luc 4.5-7 « le diable, l'ayant enlevé, lui montra en un instant tous les royaumes de la terre et lui dit : je te donnerai toute cette puissance et la gloire de ces royaumes ; car elle m'a été donnée, et je la donne à qui je veux. Si donc tu te prosternes devant moi, elle sera tout à toi. »**

« ..**Elle m'a été donnée … »** cela lui a été donné non pas par Dieu mais par Adam. Autrement dit : cela lui a été cédé par Adam, qui lui a obéi plutôt qu'à Dieu. Adam lui a donné le règne sur tous les hommes et sur toute la terre et dans tout le monde, juste en lui obéissant. **(Romains 6.16 « …vous êtes esclave de celui à qui vous obéissez… »)**

Jusqu'à Christ (le dernier Adam selon 1 Corinthiens 15.45) Satan a régné sans partage sur ce monde et sur les habitants de la terre. Et ce n'est que par Christ que nous avons été délivrés du royaume de Satan. Comment ? Avant l'arrivée de Jésus dans le monde, **le monde tout entier gît sous la puissance du malin dit la bible dans 1 Jean 5.19**.

Pourquoi ?

Car tous ont péché et sont privés de la gloire de Dieu (de la présence de Dieu)…..Le péché **(la désobéissance à l'ordre ou loi de Dieu selon 1Jean 3.4)** a fait que Dieu qui est la vie éternelle, s'est séparé de ses créatures.

Par un seul homme le péché est entré dans le monde et par le péché la mort et qu'ainsi la mort s'est étendue sur tout le monde même sur ceux qui n'ont pas péché de la même transgression qu'Adam selon **Romains 5.12-14…..**

Donc la désobéissance d'Adam nous a placés d'office sous le règne et l'esclavage de Satan qui a le pouvoir de la mort, qui règne par la mort. Et c'est là que beaucoup sont confus et n'arrive pas à accepter le fait d'être pécheur sans avoir péché directement comme Adam.

EXPLICATION

Actes 17.26 « Il a fait que tous les hommes sortis d'un seul sang habitassent sur toute la surface de la terre…. »

<u>1ère Vérité</u> **: Tous les hommes qui habitent sur la terre, sans exception sont sortis d'un seul Sang ou d'un seul homme Adam.**

Comprenez simplement que Dieu n'a pas créé les autres hommes comme il a créé Adam il les a tirés tous d'Adam, à commencer par Eve **(1 corinthiens 11.8 « En effet, l'homme n'a pas été tiré de la femme, mais la femme a été tirée de l'homme » et Genèse 2.22 « l'Eternel Dieu forma une femme de la côte qu'il avait prise de l'homme… »).**

Toute la race humaine est donc sortie d'Adam, de son sang. Le sang d'Adam coule dans les veines de chaque être humain sans exception aucune ! or la bible dit :

Lévitique 17.11, 14 « Car l'âme de la chair est dans le sang…..Car l'âme de toute chair c'est son sang qui est en lui….. »

2ème Vérité : Le sang c'est l'âme

Cela revient à dire sans équivoque aucune que chaque être humain sur la terre porte en lui l'âme d'Adam puisque l'âme de toute chair c'est son sang et son sang coule dans les veines de chaque être humain sur la terre !

De plus la bible dit :

Ezéchiel 18.4, 20 « ……l'âme qui pèche, c'est l'âme qui mourra. L'âme qui pèche c'est celle qui mourra…. » 3ème Vérité : L'âme qui pèche est celle qui mourra

Si c'est l'âme qui pèche est celle qui mourra alors c'est l'âme de Adam qui mourra puisque c'est Adam qui a péché !

Mais maintenant il se fait que l'âme d'Adam se trouve en chaque être humain sur la terre, chacun a donc hérité de la mort de Adam !

C'est cela qui justifie la parole de **Romains 5.12 qui dit : « Par un seul homme(Adam) le péché est entré dans le monde et par le péché la mort (l'âme qui a péché, qui est morte) et qu'ainsi la mort s'est étendu sur tous les hommes, parce que tous (tous sont Adam par leur âme) ont péché. »**

La mort ici c'est l'âme d'Adam qui est en chacun de nous par son sang, sans exception. Paul peut alors dire sans aucune ambiguïté dans **Romains 3.23**

« Car tous ont péché et sont privés de la gloire de Dieu » Ayant compris tout cela, et ne voulant pas rester esclave de Satan, et ne voulant pas finir avec lui dans le feu qui ne s'éteint jamais **(Matthieu 3.12)**, nous crions alors à Dieu : Sauve moi !

Mais la vérité, la bonne nouvelle comme je l'avais dit précédemment, c'est que Dieu, dans son amour pour nous et dans sa préscience, n'a pas attendu qu'on crie à lui pour pourvoir à notre salut, notre rédemption, notre libération. Il nous avait déjà prédestinés avant la fondation du monde à être ses enfants d'adoption par Jésus Christ **(Ephésiens 1.5)**.

La bible dit aussi :

Romains 5.6-10 « Car, lorsque nous étions encore sans force, Christ, au temps marqué, est mort pour des impies. A peine mourrait-on pour un juste; quelqu'un peut-être mourrait-il pour un homme de bien. Mais Dieu prouve son amour envers nous, en ce que, lorsque nous étions encore des pécheurs, Christ est mort pour nous. A plus forte raison donc, maintenant que nous sommes justifiés par son sang, serons-nous sauvés par lui de la colère. Car si, lorsque nous étions ennemis, nous avons été réconciliés avec Dieu par la mort de son fils, à plus forte raison, étant réconciliés, serons-nous sauvés par sa vie. »

Fantastique n'est-ce pas ? Très merveilleux !

De même que nous n'avons rien fait pour hériter de la mort, nous n'avons rien à faire pour hériter de la vie sauf croire en celui qui nous a justifiés et nous a donné la vie c'est-à-dire en Dieu et en sa justice qui est Christ.

De même que nous avons été rendus pécheurs par un seul homme Adam (le premier homme), c'est aussi par un autre homme Jésus-Christ (le second homme) que nous avons été rendu justes. Il suffit de croire au moyen de rédemption qui est en Christ pour hériter de la justice de Dieu.

Romains 3.24 « et ils sont gratuitement justifiés par sa grâce, par le moyen de rédemption qui est en Jésus-Christ. »

Romains 5.18-19 « Ainsi donc, comme par une seule offense la condamnation a atteint tous les hommes, de même par un seul acte de

justice, la justification qui donne la vie s'étend à tous les hommes. Car comme par la désobéissance d'un seul homme (Adam) beaucoup ont été rendus pécheurs, de même par l'obéissance d'un seul (Jésus Christ) beaucoup seront rendus justes. »**

C'est ça la puissance de l'amour de Dieu, il n'a créé que deux hommes et tous les autres êtres humains sont regroupés en ces deux hommes. Soit vous êtes en Christ soit en Adam il n'y a pas une autre position ou possibilité pour un être humain.

C'est le premier homme Adam qui nous a rendu coupable de son péché, nous n'avons aussi rien à fait pour être justifié de ce péché (car nul ne sera justifié par ses propres œuvres selon **Romains 3.20, Galates2.16)** C'est le second homme Jésus Christ qui nous a rendu juste par son obéissance.

C'est la preuve de son amour incontestable pour nous, le fait de nous avoir justifiés par son sang et sa résurrection alors que nous étions encore des pécheurs.

Romains 4.5 « Qui accusera les élus de Dieu ? C'est Dieu qui justifie ! »

C'est Dieu qui justifie, c'est lui le seul grand juge qui nous a encore justifiés. Que c'est merveilleux ! Quel privilège ! Quelle assurance !

Soyons très humbles et reconnaissants saisissons cette justice par la foi.

La bible dit dans Esaïe 53.10 « Il a plu à l'Eternel de le briser par la souffrance…Après avoir livré sa vie en sacrifice pour nos péchés…. »

Esaïe 53.6 « L'Eternel a fait retomber sur lui l'iniquité de nous tous. » Quel Amour !

Jésus a déjà tout subi à notre place, le châtiment qui nous donne la paix est déjà tombé sur lui **(Esaïe 53.5).**

Qu'attendez-vous encore pour courir vous réfugier en celui qui vous a créé et qui vous aime et qui vous a déjà justifié par son fils Jésus-Christ?

Qu'attendez-vous pour vous approcher avec assurance de celui en qui votre existence retrouve son vrai sens ?

Qu'attendez-vous pour vous réconcilier avec Dieu ?

Qu'attendez-vous pour Naître de nouveau ?

CHAPITRE 8 : COMMENT NAITRE DE NOUVEAU OU DEVENIR ENFANT DE DIEU?

Dans ce dernier chapitre nous allons faire un récapitulatif de tout ce que nous avons dit depuis le début de ce livre pour vous permettre de prendre la bonne décision celle de naître de nouveau ou de devenir enfant de Dieu.

Pourquoi Naître de Nouveau ou devenir enfant de Dieu ? Dans notre méditation plus haut, nous avons déjà démontré : que Satan a un royaume (Matthieu 12.26) et Dieu aussi a un royaume (Matthieu 12.28).

or la bible dit dans Jean 3.3 qu'un homme ne peut voir le royaume de Dieu que lorsqu'il naît de nouveau. Autrement dit vous êtes d'office dans le royaume de Satan si vous n'êtes pas encore nés de nouveau, puis qu'il n'y pas un troisième royaume ni une position intermédiaire entre les deux royaumes.

Et si vous êtes dans le royaume de Satan parce que vous n'êtes pas encore nés de nouveau, Satan est votre Maître. Et votre corps est sa maison il a tous les droits sur votre corps et votre vie. Votre avenir dépend de lui et non de Dieu. Et nous savons le sort qui lui est réservé, le feu éternel et c'est là qu'il entrainera tous ceux qui lui sont solidaires.

Et puis que la bible dit dans **Matthieu 6.24 « Nul ne peut servir deux maîtres. Car , ou il haïra l'un, et aimera l'autre ; ou il s'attachera à l'un, et méprisera l'autre. Vous ne pouvez servir Dieu et Mammon (Satan). »** Vous ne pouvez servir que Satan puis qu'il est votre maître parce que vous n'êtes pas encore nés de nouveau. Et qu'est-ce que cela implique ou signifie selon ce verset : Vous haïssez Dieu et aimez Satan, vous méprisez Dieu et vous vous attachez à Satan, vous servez Satan et désobéissez à Dieu.

Vous pouvez faire semblant de ne pas comprendre cela ou de ne pas l'accepter mais cela ne reste pas moins la vérité. Vous devez donc très vite prendre votre décision : rester avec Satan ou Naitre de nouveau pour être transporté du royaume des ténèbres dans le royaume de Dieu **(Colossiens 1.12-13 « Rendez grâce au père, qui vous a rendus capables d'avoir part à l'héritage des saints dans la lumière, qui nous a délivrés de la puissance des ténèbres et nous a transportés dans le royaume du fils de son amour. »)**

Peut-être que vous ne voyez pas encore la nécessité et l'urgence de naître de nouveau malgré tout ce qui est expliqué ? Je vais vous en dire un peu plus sur l'enfer et l'étang ou lac de feu, peut-être que vous allez enfin comprendre la nécessité et l'urgence de naître de nouveau et vous décider.

on pense à tort qu'après notre première mort il n'y a plus rien qui se passe. Vous allez vous étonner de ce que j'ai dit première mort n'est-ce pas ? Pourquoi première mort ? L'homme meurt-il deux fois ? Lisons la bible pour répondre à cela : **Apocalypse 20.14 « Et la mort et le séjour des morts furent jetés dans l'étang de feu. C'est la seconde mort, l'étang de feu. »**

La bible dit l'étang de feu est la seconde mort. Il y a bel et bien une seconde mort.

Apocalypse 2.11 « Que celui qui a des oreilles entendent ce que l'Esprit dit aux Eglises : Celui qui vaincra n'aura pas à souffrir la seconde mort. »

La seconde mort est une souffrance car la bible dit : **« n'aura pas à souffrir la seconde mort. »** donc la seconde mort est une souffrance qu'il faut absolument éviter en devenant maintenant enfant de Dieu ou en naissant de nouveau puis vivre pour Christ.

Apocalypse 20.10 « Et le diable, qui les séduisait, fut jeté dans l'étang de feu et de soufre, où sont la bête et le faux

prophète. Et ils seront tourmentés jour et nuit, au siècle des siècles. »

L'étang de feu ou seconde mort est un lieu de tourment jour et nuit au siècle des siècles. Vous devez donc à tout prix l'éviter et échapper à cela en devenant enfant de Dieu maintenant et en vivant pour christ le reste de votre vie.

C'est un lieu de châtiment selon **Matthieu 23.33 « Serpents, race de vipères ! Comment échapperez-vous au châtiment de la géhenne (feu). »**

Mais la seconde mort, l'étang de feu est réservé à qui ? Selon **Apocalypse 20.14** c'est réservé à la mort et le séjour des morts, selon le **verset 10** de ce même chapitre au Diable. Mais aussi les lâches, incrédules, les abominables, les enchanteurs, les impudiques, les enchanteurs, les idolâtres, et tous les menteurs, sont réservés pour la seconde mort selon **Apocalypse 21.8**

Je voudrais encore vous révéler ici une vérité : la mort et le séjour des morts sont des esprits, au même titre que le diable et cela nous permet de dire que la seconde mort qui est l'étang de feu est la mort définitive de l'âme et du corps . Une âme qui a connue la seconde mort ne pourra plus jamais être sauvé.

Souvenez-vous de ces paroles de Jésus-Christ dans **Matthieu 10.28 « Ne craignez pas ceux qui tuent le corps et qui ne peuvent tuer l'âme ; craignez plutôt celui qui peut faire périr l'âme et le corps dans la géhenne (feu). »**

Seul l'étang de feu, la seconde mort peut tuer le corps l'âme, rien de ce qui appartient au Diable ne peut échapper à la seconde mort qui est l'étang de feu.

Souvenez-vous qu'il est écrit aussi que : **« le dernier ennemi qui sera détruit c'est la mort » selon 1 corinthiens 15.26**, cela veut dire non seulement qu'à la seconde mort, la mort sera détruite mais aussi la mort est un ennemi, un démon ou esprit impur qui sera détruit au même titre que le diable.

Souvenez-vous aussi que les démons de Gadara ont dit à Jésus ceci dans **Matthieu 8.29 « …Qu'y a-t-il entre nous et toi, Fils de Dieu ? Es-tu venu ici pour nous tourmenter (perdre) avant le temps ? »** Les démons même savent qu'il y a un temps de tourment qui les attend.

Comme nous venons si bien de le montrer il y a une seconde mort, l'étang de feu, un lieu de souffrance un lieu de torture jour et nuit éternellement. Et pour échapper à cela vous ne devez pas être un incrédule, un païen mais vous devez naître de nouveau. De plus si vous êtes déjà né de nouveau vous ne devez pas vivre selon la chair pour échapper à cette seconde mort qu'est l'étang de feu.

revenons maintenant à la première mort, puisque s'il y a une seconde mort il y nécessairement une première mort.

Que se passait-il après la première mort ?

Luc 16

[19] **« Il y avait un homme riche, qui s'habillait de pourpre et de fin lin et qui chaque jour menait joyeuse et brillante vie. [20]Un pauvre du nom de Lazare était couché devant son portail, couvert d'ulcères. [21]Il aurait bien voulu se rassasier des miettes qui tombaient de la table du riche, cependant même les chiens venaient lécher ses ulcères. [22]Le pauvre mourut et fut porté par les**

anges auprès d'Abraham. Le riche mourut aussi et fut enterré. [23]Dans le séjour des morts, en proie à une grande souffrance il leva les yeux et vit de loin Abraham, avec Lazare à ses côtés. [24]Il s'écria: 'Père Abraham, aie pitié de moi et envoie Lazare pour qu'il trempe le bout de son doigt dans l'eau afin de me rafraîchir la langue, car je souffre cruellement dans cette flamme.' [25]Abraham répondit: 'Mon enfant, souvienstoi que tu as reçu tes biens pendant ta vie et que Lazare a connu les maux pendant la sienne; maintenant, il est consolé ici et toi, tu souffres. [26]De plus, il y a un grand abîme entre nous et vous, afin que ceux qui voudraient passer d'ici vers vous, ou de chez vous vers nous, ne puissent pas le faire.' [27]Le riche dit: 'Je te prie alors, père, d'envoyer Lazare chez mon père, car j'ai cinq frères. [28]C'est pour qu'il les avertisse, afin qu'ils n'aboutissent pas, eux aussi, dans ce lieu de souffrances.' [29]Abraham [lui] répondit: 'Ils ont Moïse et les prophètes, qu'ils les écoutent.' [30]Le riche dit: 'Non, père Abraham, mais si quelqu'un vient de chez les morts vers eux, ils changeront d'attitude.' [31]Abraham lui dit alors: 'S'ils n'écoutent pas Moïse et les prophètes, ils ne se laisseront pas persuader, même si quelqu'un ressuscite.»

Quand nous lisons attentivement ce récit nous voyons que bien avant la mort et la résurrection de Jésus-Christ il y avait un « **endroit** » qui était réservé non seulement à ceux qui ne comptaient pas sur Dieu et un autre pour ceux qui mettaient leur confiance en Dieu, ceux qui vivaient par la foi en Dieu et ceux qui mettaient leur espérance en leur richesse ou en eux même. D'ailleurs Lazare signifie en hébreux « **Dieu mon secours ou Dieu a secouru** »

Nous voyons que ceux qui comptaient sur Dieu comme Lazare se retrouvaient après la mort dans le sein Abraham (synonyme de ceux qui ont mis leur foi en Dieu, car Abraham est le père de la foi). Et ils y sont transportés par les anges tandis que les autres sont enterrés et ils vont directement dans le séjour des morts. Nous voyons donc que ceux qui mettent leur confiance en Dieu ne meurent pas ils vont dans le sein d'Abraham car Dieu n'est pas le Dieu des morts (**Matthieu 22.32**) tandis que ceux qui ne croient pas en Dieu sont déjà morts et ils vont dans le séjour des morts (là où séjournent les morts) La différence entre ces deux endroits est nette.

'Père Abraham, aie pitié de moi et envoie Lazare pour qu'il trempe le bout de son doigt dans l'eau afin de me rafraîchir la langue, car je souffre cruellement dans cette flamme.'

Dans le séjour des morts on souffre cruellement dans une flamme. Il y a la souffrance provoquée par la flamme qui s'y trouve.

Lazare a connu les maux pendant la sienne; maintenant, il est consolé ici et toi, tu souffres.

Dans le sein d'Abraham on est consolé.

²⁶De plus, il y a un grand abîme entre nous et vous, afin que ceux qui voudraient passer d'ici vers vous, ou de chez vous vers nous, ne puissent pas le faire.

Il est aussi impossible de quitter le séjour des morts pour aller dans le sein d'Abraham, cela est impossible ! Vous voyez cher ami avant même le jugement dernier ceux qui auraient rejeté Dieu ou précisément Jésus-Christ pendant leur vie sur terre, ceux qui n'auraient pas accepté la grâce de Dieu seront gardés dans le séjour des morts, un lieu de souffrance dans la flamme, jusqu'au jugement dernier, celui qui conduit à la seconde mort, l'étang de feu.

²⁷Le riche dit: 'Je te prie alors, père, d'envoyer Lazare chez mon père, car j'ai cinq frères. ²⁸C'est pour qu'il les avertisse, afin qu'ils n'aboutissent pas, eux aussi, dans ce lieu de souffrances.'

Ecoutez ce que cet homme vous dit, il veut vous avertir, il ne veut pas que vous le rejoigniez dans cet endroit de souffrance, je vous en prie, ne soyez pas têtus, croyez en Dieu croyez en Jésus-Christ, acceptez de naître de nouveau. Ne vous entêtez pas, je vous en supplie soyez réconciliés avec Dieu. Après la mort il n'y a plus de solution c'est le jugement qui vous attends : **« Et comme il est réservé aux hommes de mourir une seule fois, après quoi, vient le jugement. » Hébreux 9.26.** C'est maintenant ou jamais. Je vous en supplie.Il n'y a pas de purgatoire comme vous le disent certains menteurs.

Qu'arrive-t-il au chrétien, après la mort depuis la résurrection de Christ ?

Matthieu 16.18 « Et moi, je te dis que tu es Pierre, et que sur cette pierre je bâtirai mon Église, et que les portes du séjour des morts ne prévaudront point contre elle. »

Les portes du séjour des morts ne prévaudront point contre elle. Jésus nous dit clairement que le séjour des morts ne pourra rien contre L'Eglise de Dieu dont le chrétien ou celui qui est né de nouveau ou l'enfant de

Dieu est membre. Le séjour des morts et la mort ne pourront rien contre celui qui est né de nouveau celui qui est membre du corps de Christ qui est l'église. A sa mort il n'ira pas dans le séjour des morts comme l'homme riche. **(Jean 5.24 « En vérité, en vérité, je vous le dis, celui qui écoute ma parole, et qui croit à celui qui m'a envoyé, a la vie éternelle et ne vient point en Jugement, mais il est passé de la mort à la vie. »**

Celui qui est déjà né de nouveau, celui qui croit que Jésus est le fils de Dieu, est déjà passé de la mort à la vie ! Merveilleux ! s'il demeure dans cette vie par la foi !

Jean 11.25-26 « Jésus lui dit : Je suis la résurrection et la vie. Celui qui croit en moi vivra, quand même il serait mort ; et quiconque vit et croit en moi ne mourra jamais. Crois-tu cela ?

Quelle merveilleuse, fantastique et puissante déclaration ! Quelle audace ! Qui peut parler comme Jésus ? **D'ailleurs la bible dit « Jamais homme n'a parlé comme cet homme. » Jean 7.46** et cela est vrai jamais aucun homme n'a parlé comme lui, c'est pourquoi je plains tous ceux qui suivent n'importe qui, n'importe quelle parole. Jésus dit encore dans **Apocalypse 1.18 « Je suis le premier et le dernier, et le vivant. J'étais mort ; et voici, je suis vivant aux siècles des siècles. Je tiens les clefs de la mort et du séjour des morts. »**

Connaissez-vous un homme qui a jamais osé parler ainsi ? Cherchez dans toutes les religions et sectes et partout vous n'en trouverez point.

Dans **1 Corinthiens 15.55 par la bouche de Paul** il dit : « **O mort, où est ta victoire ? O mort où est ton aiguillon. »** Merveilleux et Puissant ! Qui peut l'égaler ? revenons à sa parole de Jean 11.25-26 ; « **Celui qui croit en moi vivra,** quand même il serait mort ; et quiconque vit et croit en moi ne mourra jamais. Crois-tu cela ? »

Celui qui croit en Jésus vivra s'il meurt car c'est son corps qui meurt, qui retourne à la terre mais luimême continue de vivre avec Dieu. L'apôtre Paul le dit si bien dans ces versets que vous ne pouvez plus résister à Jésus-Christ ! **Philippiens 1.21 « car Christ est ma vie, et la mort m'est un gain »**, quelle assurance ! Lorsque quelqu'un en vient à dire que la mort m'est un gain, c'est à dire un bénéfice, un profit un avantage vous devez voir et considérer cela de près ! Dans le **verset 22**, il dit **« j'ai le désir de m'en aller et d'être avec Christ, ce qui de beaucoup est le meilleur ; »**

Alors voyez-vous le chrétien s'en va vers Christ il ne meurt pas, car la mort n'a pas de pouvoir sur lui c'est pour Dieu qu'il vit éternellement. oui c'est ainsi, il ne meurt pas. Mourir pour un enfant de Dieu est un bénéfice, un gain car cela signifie rejoindre Christ. **Philippiens 1.21 « Car Christ est ma vie, et la mort m'est un gain. »** Quelle déclaration ! Mourir est un gain pour Paul et tous les chrétiens car la vie du chrétien est cachée avec Christ en Dieu **(Colossiens 3.3 « Car, vous êtes morts et votre vie est cachée avec Christ en Dieu.)**

Pourquoi la mort est –il un gain ?

Verset 22-23 « Mais s'il est utile pour mon œuvre que je vive dans la chair, je ne saurais dire ce que je dois préférer. Je suis pressé des deux côtés : j'ai le désir de m'en aller et d'être avec Christ, ce qui de beaucoup est le meilleur. »

Quand un chrétien meurt il est en Christ son corps retourne à la terre mais lui-même, son être spirituel est en Christ.

La preuve les martyres, où sont-ils ?

Apocalypse 6:9-10 « Quand il ouvrit le cinquième sceau, je vis sous l'autel les âmes de ceux qui avaient été immolés à cause de la parole de Dieu et à cause du témoignage qu'ils avaient rendu. Ils criaient d'une voix forte en disant : Jusques à quand, Maître saint et véritable, tardes-tu à juger, et à tirer vengeance de notre sang sur les habitants de la terre ? »

Ceux qui sont morts, tués à cause de leur foi en Christ, sont bel et bien vivants, ils sont certes morts quant à leurs corps mais en ce qui concerne leurs âmes ils sont toujours vivants. Et ils parlent, ils réclament vengeance pour leur sang qui a été versé injustement !

Maintenant que vous êtes convaincus que vous devez naître de nouveau, allons-y comprendre comment ?

Jean 3.3 « Jésus répondit : En vérité, en vérité, je te le dis, si un homme ne naît de nouveau, il ne peut voir le royaume de Dieu. »

Ce qui est clair, il faut naître de nouveau nécessairement pour avoir accès au royaume de Dieu. Car Selon **1 Corinthiens15.50 « ...la chair et le sang ne peuvent hériter le royaume de Dieu... »**

Comment on naît de nouveau alors ?

Jean 3.5 « Jésus répondit : En vérité, en vérité, je te le dis, si un homme ne naît d'eau et d'Esprit, il ne peut entrer dans le royaume de Dieu. »

Naître de nouveau c'est naître d'eau et d'Esprit, c'est naître d'Esprit tout court, ne faites pas de confusion avec l'eau du Baptême, il ne s'agit pas là de l'eau du baptême mais (l'eau) c'est-à-dire l'Esprit.

Lire donc à la place de « naître d'eau et d'Esprit », « naître d'eau c'est-à-dire de l'Esprit » Version semeur. Il est clair qu'il ne peut jamais s'agir du baptême puis que c'est celui qui croira qui sera baptisé selon **Marc 16.16** et selon **Matthieu 28.19** ce sont les disciples qu'il faut baptiser or un disciple ou celui qui croit est déjà né de nouveau. Et on ne devient pas enfant de Dieu ou on ne nait pas de nouveau en se faisant baptiser, mais c'est en le recevant, en croyant en son nom qu'on reçoit le pouvoir de devenir enfant de Dieu selon **Jean 1.12.**

Pour mieux comprendre qu'il s'agit de l'Esprit et non de l'eau de baptême il suffit de lire **Jean 7.37-39**

Jean 7.37-39 « Le dernier jour de la fête, Jésus, se tenant debout, s'écria : Si quelqu'un a soif, qu'il vienne à moi, qu'il boive. Celui qui croit en moi, des fleuves d'eau vive couleront de son sein, comme dit l'écriture. Il dit cela de l'Esprit que devaient recevoir ceux qui croiraient en lui, car l'Esprit n'était pas encore, parce que Jésus n'avait pas encore été glorifié. »

Voyez-vous il ne peut pas s'agir d'eau de baptême là. Et le verset 6 le confirme bien : « **ce qui est né de la chair est chair, et ce qui est né de l'Eprit est Esprit**»

Naître de nouveau c'est naître de l'Esprit de Dieu, c'est recevoir l'Esprit de Dieu dans son cœur. **Galates 4.6 « Et parce que vous êtes fils, Dieu a envoyé dans nos cœurs**

L'esprit de son fils, lequel crie : Abba ! Père ! »

En plus c'est celui qui croira qui sera baptisé selon Marc 16.16. Donc il faut d'abord croire avant d'être baptisé. or c'est en croyant du cœur qu'on parvient à la justice autrement dit qu'on reçoît l'Esprit de justice qui est le Saint Esprit, l'Esprit de Dieu ou l'Esprit de Christ. Ne confondez donc Jamais l'eau de Jean 3.5 à l'eau du baptême, ne faites jamais cette erreur et ne l'acceptez jamais de quiconque vous prêche l'Evangile du royaume. Preuve supplémentaire Dans **Jean 4.10** Jésus parlant de cette eau dit : « **Jésus lui répondit : Si tu connaissais le don de Dieu et qui est celui qui te dit : Donne-moi à boire ! Tu lui aurais toi-même demandé à boire, et il t'aurait donné de l'eau vive.** » De l'eau vive a dit Jésus pas une eau semblable à l'eau du puits. Non et non !

Jean 4.13-14 « Jésus lui répondit : quiconque boit de cette eau aura encore soif ; mais celui qui boira de l'eau que je lui donnerai n'aura jamais soif, et l'eau que je lui donnerai deviendra en lui une source d'eau qui jaillira jusque dans la vie éternelle. »

Cette eau est différente de l'eau du baptême car celui qui la boira n'aura plus jamais soif. Il ne s'agit donc pas de l'eau du puits, de l'eau naturelle, de l'eau du baptême, non mais du Saint Esprit qui est l'eau qui deviendra en lui une source d'eau qui jaillira jusque dans la vie éternelle.

Ceci étant clair pour tous, allons-y savoir :

Comment l'Esprit du fils de Dieu vient en nous ?

1 Jean 5.1 « Quiconque croit que Jésus est le Christ est né de Dieu… »

Croire que Jésus est le Christ signifie croire que

Jésus est le fils de Dieu selon **Matthieu 16.16 « …tu es le**

Christ, le fils du Dieu vivant. »

Croire que Jésus-Christ est le fils de Dieu, signifie croire que Jésus-Christ est ressuscité, selon **Romains 1.4 « Et déclaré fils de Dieu avec puissance, selon l'Esprit de Sainteté, par sa résurrection d'entre les morts… »**

Croire qu'il est ressuscité, c'est aussi croire qu'il est mort et qu'il a été enseveli, selon **1 Corinthiens 15.3-4 « ……que Christ est mort pour nos péchés selon les écritures ; qu'il a été enseveli, et qu'il est ressuscité le troisième jour, selon les Ecritures ; »**

Et pourquoi est-il mort pour nos péchés ?

Pourquoi est-il enterré ? Pour faire disparaitre à jamais le corps du péché. Pourquoi est-il ressuscité ? Pour notre justification et pour nous donner une nouvelle vie, la vie de Dieu la vie Eternelle. Et pour le faire asseoir dans la gloire à la droite du père, pour intercéder en notre faveur, selon **Romains 8.34 « Qui les condamnera ? Christ est mort, bien plus, il est ressuscité, il est à la droite de Dieu, et il intercède pour nous ! »** Et aussi pour recevoir du père le Saint Esprit qui avait été promis, et il l'a répandu sur nous selon **Actes 2.33 « Elevé par la droite de Dieu, il a reçu du père le Saint Esprit qui avait été promis, et l'a rependu, comme vous le voyez et l'entendez. »**

Maintenant que vous savez ce qu'il y a à faire et comment le faire, n'hésitez plus, ne perdez plus de temps !

Romains 10.10 « Car c'est en croyant du cœur qu'on parvient à la justice, et c'est en confessant de la bouche qu'on parvient au salut, selon ce que dit l'Ecriture : »

Faites-votre confession de foi sans plus tarder :

1 Jean 4.15 « celui qui confessera que Jésus est le fils de Dieu, Dieu demeure en lui, et lui en Dieu. »

Si vous croyez que Jésus est le fils de Dieu, c'est-à-dire qu'il est venu sur la terre en chair, qu'il est mort pour ôter le péché de toute l'humanité, qu'il a été enseveli et qu'il est ressuscité le troisième jour et qu'il est monté à la droite du père , Confessez maintenant cela pour recevoir le pouvoir de devenir enfant de Dieu, recevoir le Saint Esprit, et naître de nouveau.

« Je crois que Jésus-Christ est le fils de Dieu. Je crois qu'il est venu en chair dans ce monde, qu'il est mort pour mes péchés, qu'il a été enterré et le troisième jour qu'il est ressuscité pour ma justification et m'a donné une nouvelle vie, la vie éternelle, Je crois que je suis ressuscité avec lui et que je suis assis en lui dans les lieux célestes; Je crois aussi qu'il habite en moi par le Saint Esprit, je crois que je suis devenu enfant de Dieu. »

Maintenant, vous êtes nés de nouveau, vous êtes enfant de Dieu, il ne vous reste plus qu'à vous faire baptiser, pour vous séparez du monde.

TABLE DES MATIERES

Pour votre baptême demandez prochainement le livre

« le Salut et le Baptême d'eau selon la Bible » du même auteur.

Et pour toutes autres questions appelez le

(00229) 97080390 / (00229) 95570527 et écrivez à l'adresse email : arsenenoeltchabi@gmail.com

Printed by Books on Demand GmbH, Norderstedt / Germany